MEIN GROSSES TIERBUCH

Ein Bilder-Wörterbuch

Claudia Zeff und Cornelie Tücking
Illustrationen von Nick Price

Am Teich

die Wasserratte

die Schnecke

das Schilf

der Eisvogel

der Otter

der Frosch

die Seerose

die Wasserpflanzen*

der Wassermolch

der Schwan

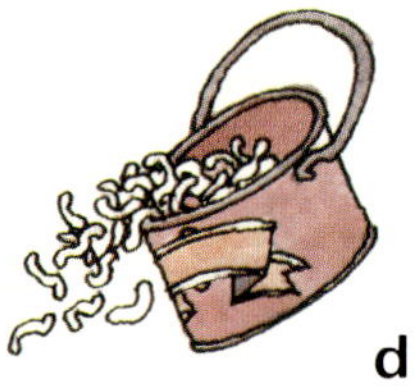

die Würmer*

die Elritzen*

die Schwalbe

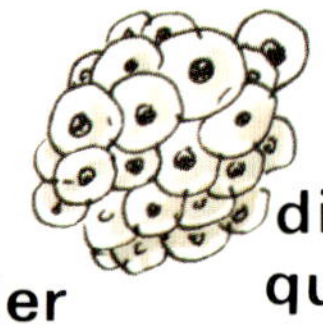

der Froschlaich

die Kau
quappe

das Netz

die Zwergmaus

der Haubentaucher

die Wasserspitzmaus

der Fischreiher

der Zaunkönig

der Hecht

der Stichling

die Heuschrecke

die Libelle

die Entchen*

die Ente

die Möwe

die
Seeschwalbe

der
Regenpfeifer

der
Austernfischer

der Seetang

die
Napfschnecken*

die
Strand-
schnecken*

die Kieselsteine*

An der Küste

der
Schleimfisch

der
Sandaal

die
Seeanemone

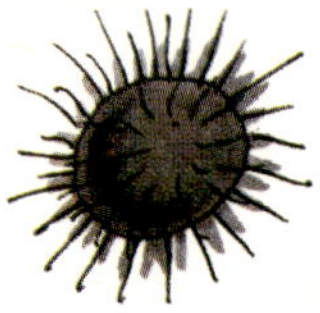
der
Seeigel

der Seestern

die Auster

die
Entenmuscheln*

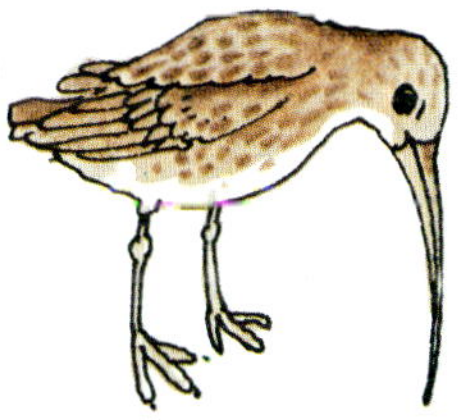

der Brachvogel

der Kormoran

der Hummer

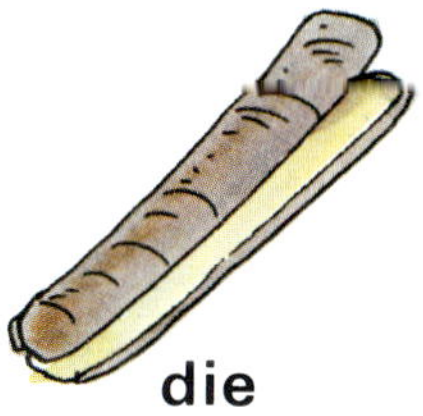

die Scheidenmuschel

die Krabbe

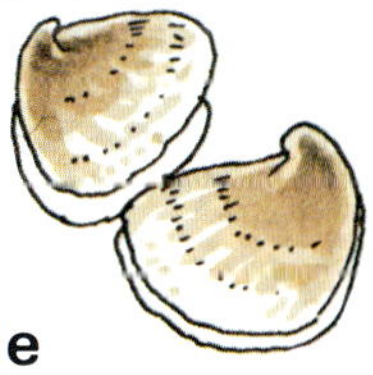

die Herzmuscheln*

die Miesmuscheln*

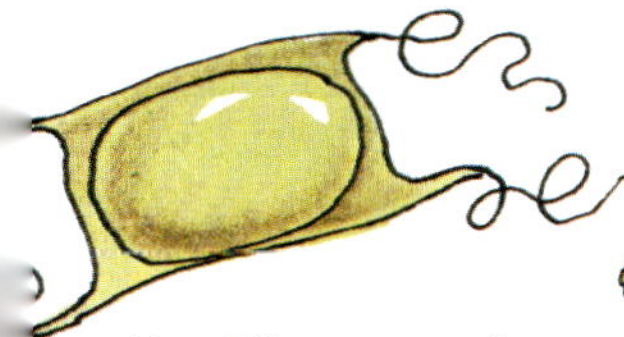

die Eiertasche eines Katzenhais

der Krake

die Wellhornschnecken*

die Kammuschel

die Sepia-Schale

die Garnele

Im Gebirge

das Streifenhörnchen

der Elch

der Wolf

der Hirsch

der Waschbär

das Stachelschwein

der Schwarzbär

der Biber

der Nerz

das Stinktier

der Fuchs

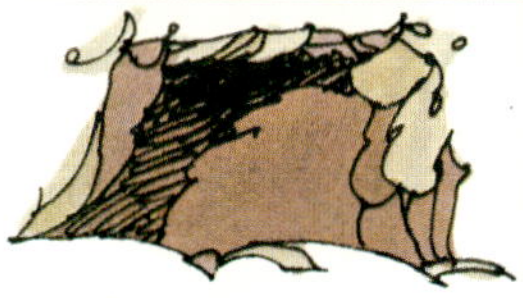

die Höhle

die Bergziege

der Grizzlybär

der Puma

der Lachs

die Wachtel

der Ahorn

die Beeren*

das Murmeltier

das Waldmurmeltier

das Dickhornschaf

die Tannenzapfen*

der Adler

der Truthahn

Im Meer

die Koralle

der Aal

der Papageifisch

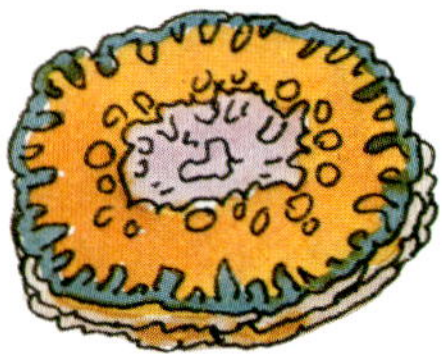
der Schwamm

der Kugelfisch

die Seescheiden*

der Drachenkopf-fisch

der Anglerfisch

der Engelfisch

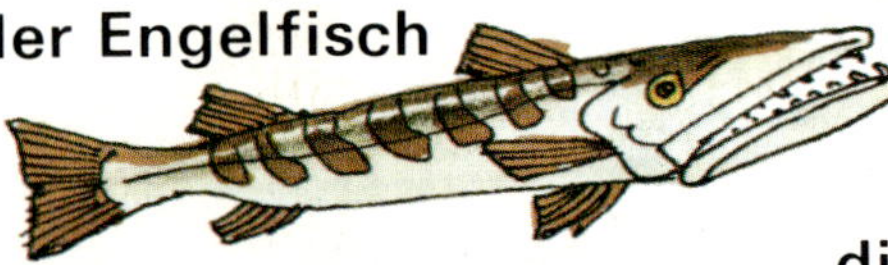
der Barrakuda

die Mördermuschel

der Mondfisch

der Riesenmanta

der Steinfisch

der Delphin

der Hai

der Rochen

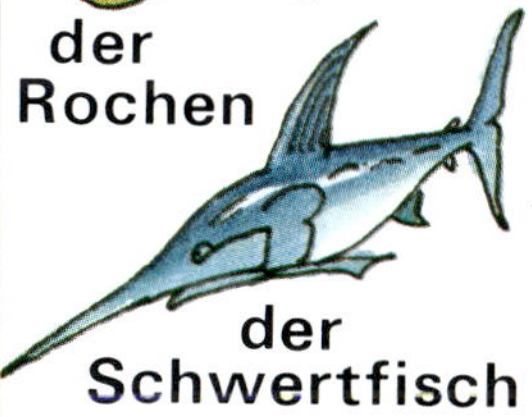

der Schwertfisch

die Wasserschild-kröte

der fliegende Fisch

die Qualle

das Seepferdchen

der Sägefisch

der Tintenfisch

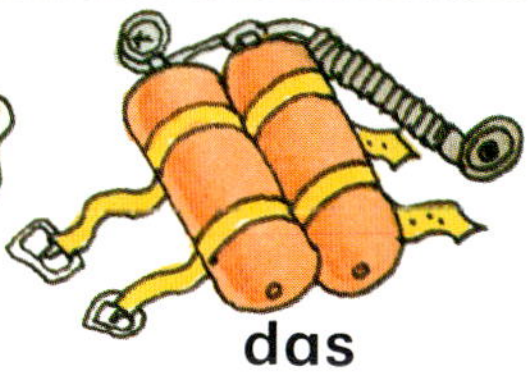

das Preßlufttauchgerät

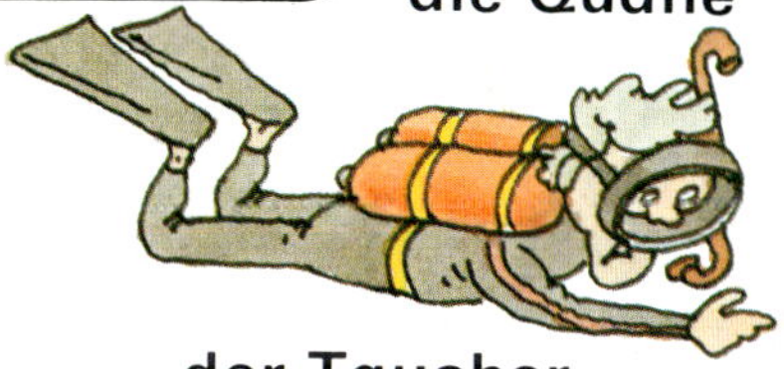

der Taucher

An der Tränke

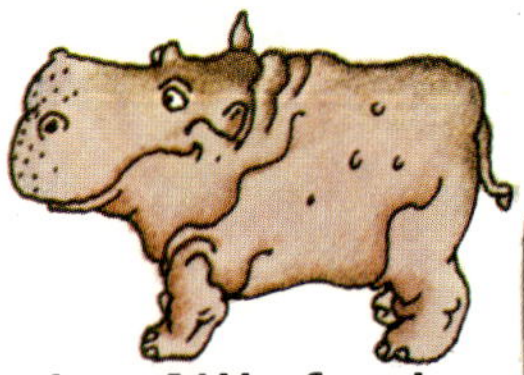
das Nilpferd

die Pythonschlange

der Elefant

das Zebra

die Trappe

der Termitenbau

der Wasserbüffel

das Löwenjunge

der Löwe

das Gnu

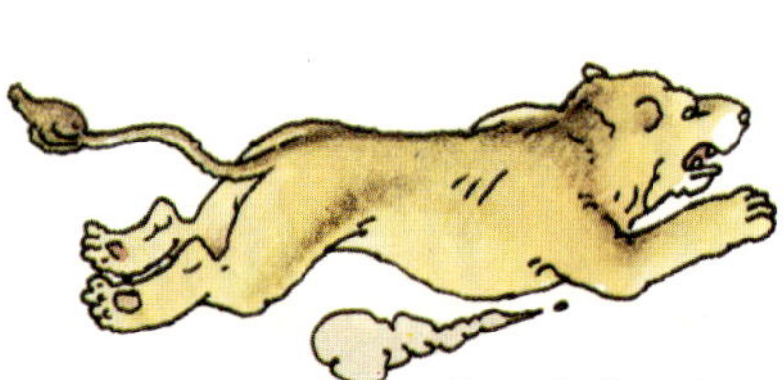
die Löwin

die Hyäne

der Flamingo

die Gazelle

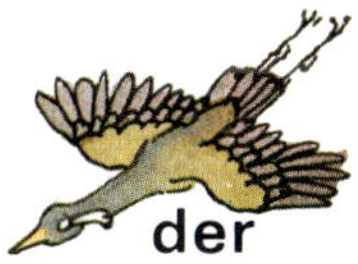
der Kranich

der Ameisenbär

das Nest des Webervögels

der Affenbrotbaum

der Pelikan

das Warzenschwein

die Giraffe

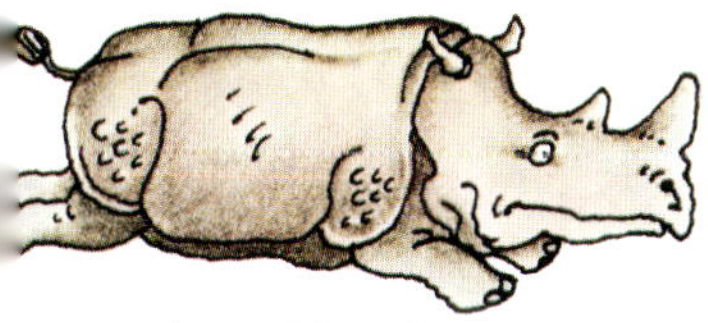
das Nashorn

der Schakal

der Pavian

der Gepard

die Akazie

das Eichhörnchen

die Eichel

die Kastanie

der Marienkäfer

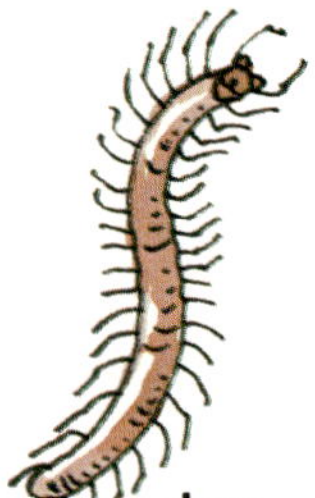
der Tausendfüßler

die Fliegenpilze*

die Primel

der Farn

Im Wald

das Wiesel

das Kaninchen

der Fasan

der Hirsch

die Hyazinthen*

der Wurm

der Siebenschläfer

der Specht

der Schmetterling

die Mistel

der Maulwurf

der Maulwurfshügel

die Waldschnepfe

die Krähe

das Rotkehlchen

der Fuchs

der Dachs

die Eiche

Auf dem Bauernhof

die Gans

die Gänschen*

der Esel

der Hahn

die Kuh

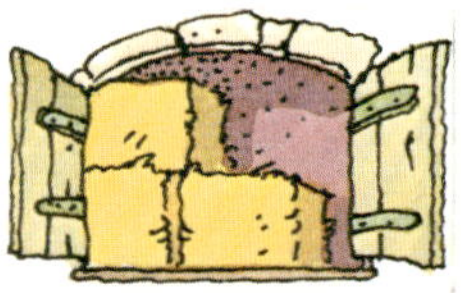

der Heuboden

der Schäferhund

die Entchen*

die Ente

das Zicklein

die Ziege

das Schwein

das Ferkel

der Trog

das Huhn

der Stier

der Truthahn

der Traktor

der Schafbock

das Lamm

das Schaf

die Strohballen*

ie Küken*

dic Katze

das Zugpferd

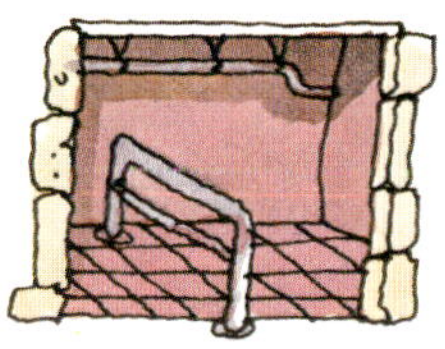

der Kuhstall

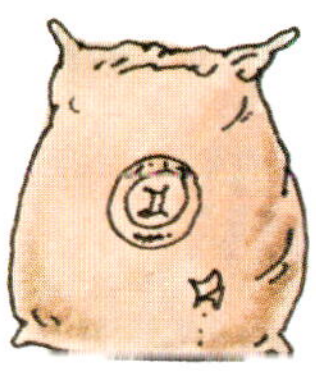

der Getreidesack

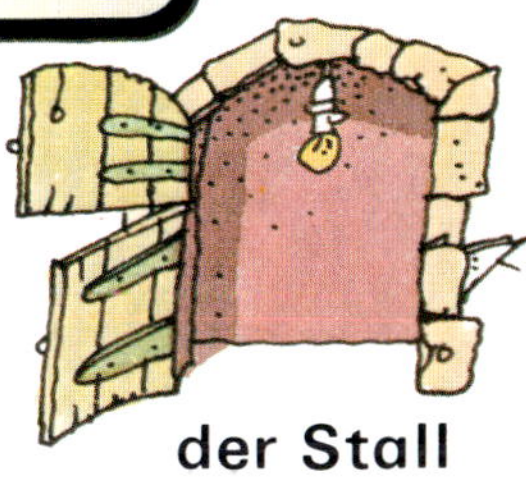

der Stall

In der Wüste

die Dattelpalme

der Feigenkaktus

der Kaktus

der Präriehase

die Oase

der Geier

der Käfer

die Tarantel

das Dromedar

das Kamel

die Wüstenspringmaus

der Skorpion

die Klapperschlange

die Kröte

der Strauß

das Straußenei

der Fennek

der Falke

die Eule

der Nomade

der Luchs

das Eselsjunge

der Esel

die Antilope

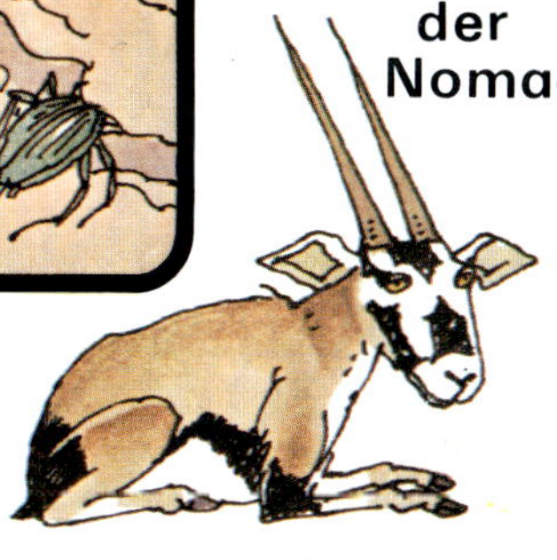

der Spießbock

die
Bananenstaude

der Kakaobaum

das Gürteltier

der
Klammeraffe

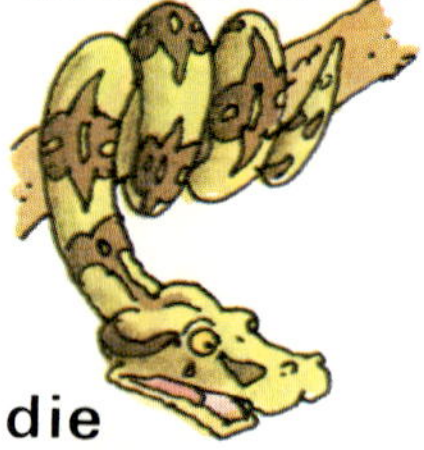
die
Abgottschlange

das Okapi

der Jaguar

der Gorilla

Im Dschungel

das Opossum

der
Katzenmaki

der
Schimpanse

der Flughund

die
Ananasstaude

der
Silber-
reiher

der Ibis

die Liane
der Gibbon
der Orang-Utan
der Kolibri
das Faultier
der Tukan
der Paradiesvogel
er
apagei
das Krokodil
der Löffelreiher
der Leguan
der Halbaffe
der Bambus

In kalten Ländern

die Robbe

das Robbenbaby

der Polarfuchs

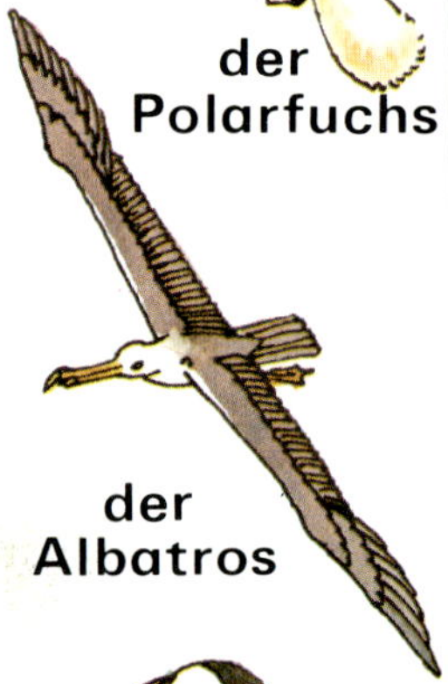

der Albatros

der Papageitaucher

das Rentier

der Moschusochse

der Wal

das Walroß

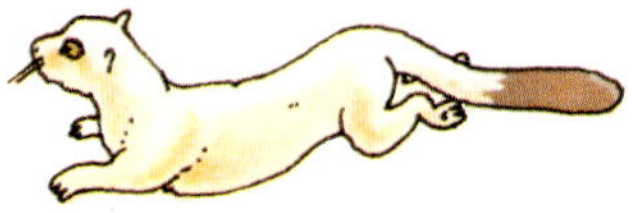

das Hermelin

das Schneehuhn

der Eisberg

die Schnee-Eule

der Eisbär

die Lemminge*

die Seeschwalbe

der Schlittenhund

der Pinguin

das Pinguinjunge

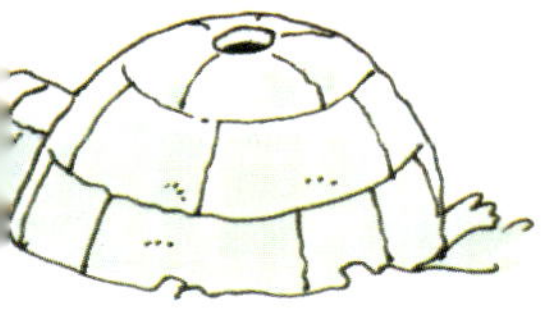
der Iglu

der Kajak

der Schlitten

der Speer

der Eskimo

In Australien

die Tigerotter

die Kragenechse

der Dingo

der Fink

das Junge

das Känguruh

der Emu

die Emu-Eier*

der Wombat

das Emu-Junge

der Koalabär

das Koala-Junge

der Leierschwanz

der Wellensittich

das Wallaby

der Ameisenigel

das Kaninchen

der Gummibaum

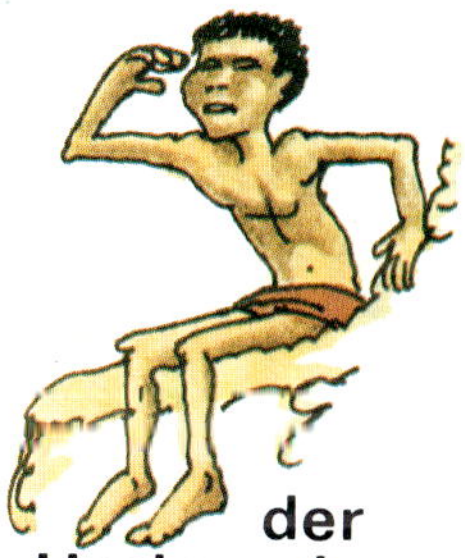

der Ureinwohner

der Eukalyptusbaum

der Bumerang

r
kadu

die Gespenst-
heuschrecke

der Rieseneisvogel

die Hüpfmaus

das Schnabeltier

In der Hunde-Ausstellung

der Windhund

der Pekinese

der Beagle

der Setter

der Dackel

der Scotch-terrier

der Bernhardiner

der Dobermann

die Bulldogge

der Boxer

der Labradorhund

der Pudel

der Dalmatiner

der Hase

der Barsoi

der Cocker-
spaniel

der Englische
Schäferhund

der Welsh
Corgi

der
Afghanische
Windhund

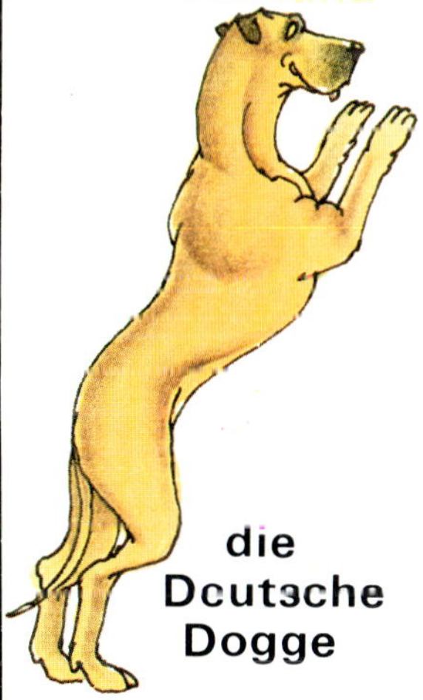
die
Deutsche
Dogge

der Mops

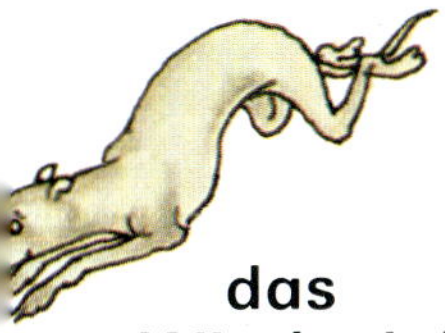
das
Windspiel

der Bluthund

der Pyrenäenhund

der Deutsche
Schäferhund

der
Chow-Chow

der
Basset

In der Tierhandlung

der Welpe

das Kätzchen

der Hamster

die Rennmaus

die Schildkröte

das Meer-
schweinchen

das Kaninchen

der Papagei

der Beo

der Kanarienvogel

der Wellensittich

der Goldfisch

der tropische Fisch

die Seidenspinner*

die Hundehütt

das Aquarium

der Vogelkäfig

die Sitzstange

die Hundekuchen*

die Leine

das Halsband

das Stroh

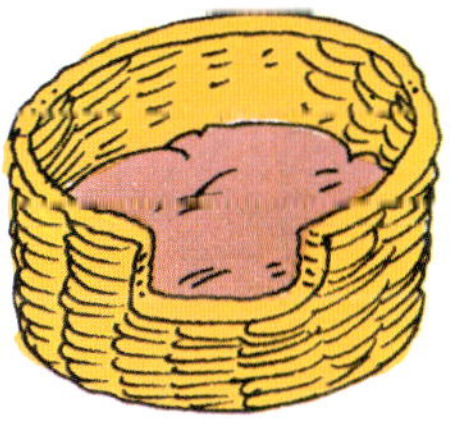

der Korb

die Siamkatze

der Affe

die Tauben*

das Goldfisch-glas

die Angorakatze

die Blaumeise

die Mäuse*

die Ratte

die Raupe

die Katze

der Hund

die Fliegen*

die Möwe

In der Stadt

die Ameisen*

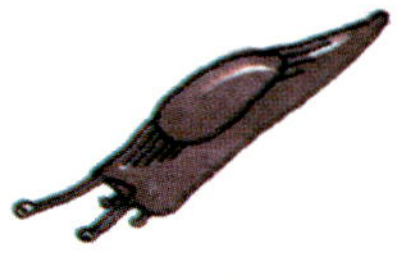

die Schnecke

der Käfer

die Spinne

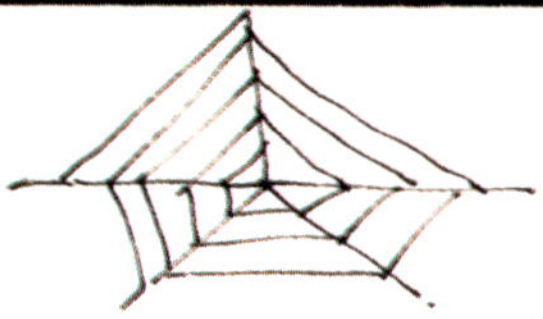

das Spinnennetz

der Schmetterling

der Falter

der Star

die
Mehlschwalbe

der Igel

das Kaninchen

das
Eichhörnchen

der Spatz

die Wespen*

das
Wespennest

die Amsel

die Elster

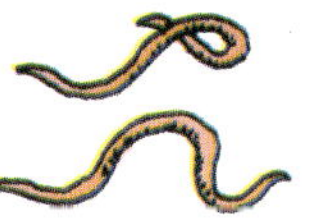

die Würmer*

die Taube

die Eule

Tierfamilien

die Stute
der Hengst
das Fohlen

der Rammler
die Häschen*
die Häsin

der Schafbock
das Mutterschaf
die Lämmchen*

der Hahn
die Henne
die Küken*

der Enterich
die Ente
die Entchen*

die Ziege
der Ziegenbock
das Zicklein

die Sau
die Ferkel*
der Eber

der Hirsch
die Hirschkuh
das Hirschkalb

der Pfau
die Pfauenjungen*
die Pfauhenne

der Fuchs
die Füchsin
die jungen Füchse*

der Stier
die Kuh
das Kalb

der Rüde
die Hündin
der Welpe

der Kater
die Katze
die Kätzchen*

die Gans
das Gänschen
der Gänserich

der Schwan
das Weibchen
die jungen Schwäne*

Körperteile der Tiere

der Schwanz
der Höcker
der Schnabel
die Zunge
das Geweih
die Klauen*
der Rüssel
der Stoßzahn
die Mähne
der Schwimmfuß
die Hörner*
das Schaffell
die Stacheln*
der Huf

die Schnurrhaare*
der Flügel
die Zähne*
die Krallen*
das Ohr
der Hals
der Beutel
das Bein
die Flosse
die Schnauze
das Schneckenhaus
die Pfote
das Auge
die Schuppen*
der Pelz
die Federn*

Unterschlupf der Tiere

der Kaninchenbau

das Storchennest

der Ameisenhaufen

der Bienenstock

die Bärenhöhle

das Flamingonest

der Kobel

der Adlerhorst

der Biberdamm

Tiergruppen

ein Schwarm Wildenten

das Löwenrudel

die Hundemeute

eine Schule von Walen

der Vogelschwarm

der Heuschreckenschwarm

die Kuhherde

die Gänseschar

die Schafherde

der Fischschwarm

Fabeltiere

der Phönix

der Dämon

das Seeungeheuer

der Pegasus

der Vogel Roch

das Einhorn

die Nixe

der Drache

der Zentaur

Nachttiere

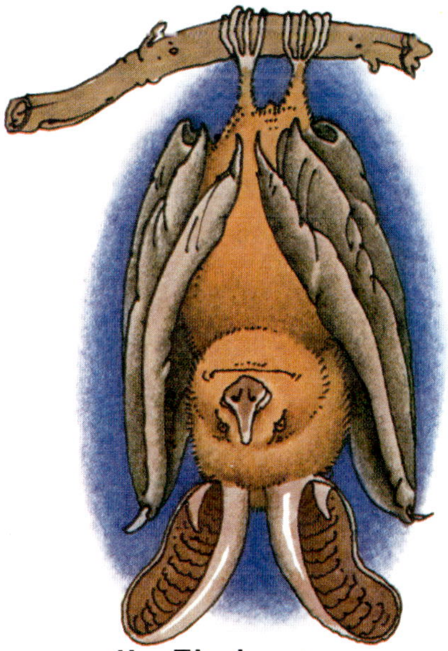
die Fledermaus

der Mungo

die Leuchtkäfer*

der Kiwi

die Hyäne

der Nachtfalter

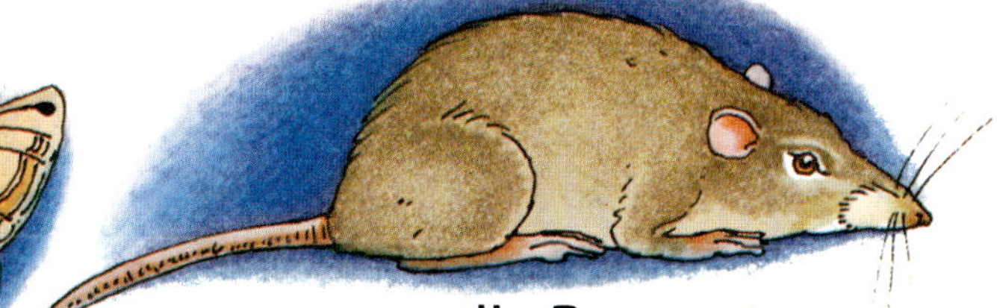
die Ratte

der Dachs

der Ohrenmaki

die Eule

die Grille

das Schuppentier

der Halbaffe

die Maus

Urwelttiere

der Dodo
das Mammut
der Höhlenbär
das Quagga
der Tasmanische Wolf
das behaarte Nashorn
der Riesenstrauß
der Säbelzahntiger
das Riesenfaultier

Dinosaurier

der Kentrosaurus
der Tyrannosaurus rex
der Spinosaurus
der Anatosaurus
der Paleoscincus
das Pteranodon
der Stegosaurus
der Plesiosaurus
der Triceratops
der Diplodocus
das Iguanodon

Wörter von A–Z

Hier findest Du alle Wörter aus den Bildern. Sie stehen in alphabetischer Reihenfolge. Hinter jedem Wort ist eine Zahl. Das ist die Seitenzahl. Auf dieser Seite findest Du das Wort mit dem dazugehörigen Bild.

a

der Aal, 10
die Abgottschlange, 20
der Adler, 9
der Adlerhorst, 36
der Affe, 29
der Affenbrotbaum, 13
der Afghanische Windhund, 27
der Ahorn, 9
die Akazie, 13
der Albatros, 22
die Ameisen, 30
der Ameisenbär, 13
der Ameisenhaufen, 36
der Ameisenigel, 25
die Amsel, 31
die Ananasstaude, 20
der Anatosaurus, 41
der Anglerfisch, 10
die Angorakatze, 29
die Antilope, 19
das Aquarium, 29
das Auge, 35
die Auster, 6
der Austernfischer, 6

b

der Bambus, 21
die Bananenstaude, 20
die Bärenhöhle, 36
der Barrakuda, 10
der Barsoi, 27
der Basset, 27
der Beagle, 26
die Beeren, 9
das behaarte Nashorn, 40
das Bein, 35
der Beo, 28
die Bergziege, 9
der Bernhardiner, 26
der Beutel, 35
der Biber, 8
der Biberdamm, 36
der Bienenstock, 36
die Blaumeise, 30
der Bluthund, 27
der Boxer, 26
der Brachvogel, 7
die Bulldogge, 26
der Bumerang, 25

c

der Chow-Chow, 27
der Cockerspaniel, 27

d

der Dachs, 15, 39
der Dackel, 26
der Dalmatiner, 26
der Dämon, 38
die Dattelpalme, 18
der Delphin, 11
die Deutsche Dogge, 27
der Deutsche Schäferhund, 27
das Dickhornschaf, 9
der Dingo, 24
der Diplodocus, 41
der Dobermann, 26
der Dodo, 40
der Drache, 38
der Drachenkopffisch, 10
das Dromedar, 18

e

der Eber, 32
die Eiche, 15
die Eichel, 14
das Eichhörnchen, 14, 31
die Eiertasche eines Katzenhais, 7
das Einhorn, 38
der Eisbär, 23
der Eisberg, 22
der Eisvogel, 4
der Elch, 8
der Elefant, 12
die Elritzen, 4
die Elster, 31
der Emu, 24
die Emu-Eier, 24
das Emu-Junge, 24
der Engelfisch, 10
der Englische Schäferhund, 27
die Entchen 5, 16, 32
die Ente, 5, 16, 32
die Entenmuscheln, 6
der Enterich, 32
der Esel, 16
das Eselsjunge, 19
der Eskimo, 23
der Eukalyptusbaum, 25
die Eule, 19, 31, 39

f

der Falke, 19
der Falter, 30
der Farn, 14
der Fasan, 14
das Faultier, 21
die Federn, 35
der Feigenkaktus, 18
der Fennek, 19
das Ferkel, 16
die Ferkel, 32
der Fink, 24
der Fischreiher, 5
der Fischschwarm, 37
der Flamingo, 12
das Flamingonest, 36
die Fledermaus, 39
die Fliegen, 30
der fliegende Fisch, 11
die Fliegenpilze, 14
die Flosse, 35
der Flügel, 35
der Flughund, 20
das Fohlen, 32
der Frosch, 4
der Froschlaich, 4
der Fuchs, 8, 15, 33
die Füchsin, 33

g

die Gans, 16, 33
die Gänschen, 16, 33
der Gänserich, 33
die Gänseschar, 37
die Garnele, 7
die Gazelle, 13
der Geier, 18
der Gepard, 13
die Gespenstheuschrecke, 25
der Getreidesack, 17
das Geweih, 34
der Gibbon, 21
die Giraffe, 13
das Gnu, 12
der Goldfisch, 28
das Goldfischglas, 29
der Gorilla, 20
die Grille, 39
der Grizzlybär, 9
der Gummibaum, 25
das Gürteltier, 20

h

der Hahn, 16, 32
der Hai, 11
der Halbaffe, 21, 39
der Hals, 35
das Halsband, 29
der Hamster, 28
die Häschen, 32
der Hase, 26
die Häsin, 32
der Haubentaucher, 5
der Hecht, 5
der Hengst, 32
die Henne, 16, 32
das Hermelin, 22
die Herzmuscheln, 7
der Heuboden, 16
die Heuschrecke, 5
der Heuschreckenschwarm, 37
der Hirsch, 8, 14, 33
das Hirschkalb, 33
die Hirschkuh, 33
der Höcker, 34
die Höhle, 8
der Höhlenbär, 40
die Hörner, 34
der Huf, 34
der Hummer, 7
der Hund, 30
die Hundehütte, 28
die Hundekuchen, 29
die Hundemeute, 37
die Hündin, 33
die Hüpfmaus, 25
die Hyäne, 12, 39
die Hyazinthen, 14

i

der Ibis, 20
der Igel, 31
der Iglu, 23
das Iguanodon, 41

j

der Jaguar, 20
die jungen Füchse, 33
die jungen Schwäne, 33

k

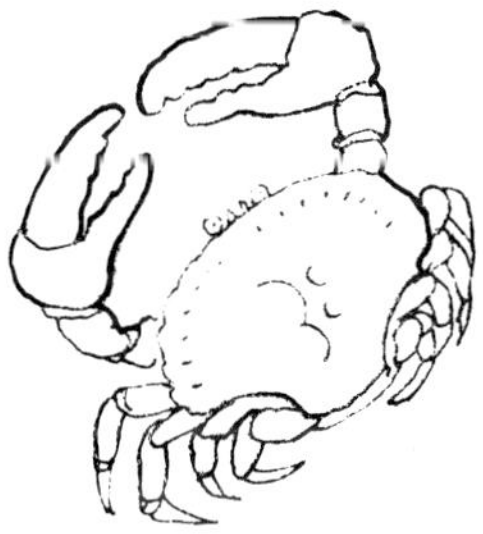

der Käfer, 18, 30
der Kakadu, 25
der Kakaobaum, 20
der Kaktus, 18
das Kalb, 33
das Kamel, 18
die Kammuschel, 7
der Kanarienvogel, 28
das Känguruh, 24
das Känguruh-Junge, 24
das Kaninchen, 14, 25, 28, 31
der Kaninchenbau, 36
der Kajak, 23
die Kastanie, 14
der Kater, 33
das Kätzchen, 28
die Kätzchen, 33
die Katze, 17, 30, 33
der Katzenmaki, 20
die Kaulquappen, 4

der Kentrosaurus, 41
die Kieselsteine, 6
der Kiwi, 39
der Klammeraffe, 20
die Klapperschlange, 18
die Klauen, 34
der Koalabär, 24
das Koala-Junge, 24
der Kobel, 36
der Kolibri, 21
die Koralle, 10
der Korb, 29
der Kormoran, 7
die Krabbe, 7
die Kragenechse, 24
die Krähe, 15
der Krake, 7
die Krallen, 35
der Kranich, 13
das Krokodil, 21
die Kröte, 18
der Kugelfisch, 10
die Kuh, 16
die Kuhherde, 37
der Kuhstall, 17
die Küken, 17, 32

l

der Labradorhund, 26
der Lachs, 9
das Lamm, 17
die Lämmchen, 32
der Leguan, 21
der Leierschwanz, 24
die Leine, 29
die Lemminge, 23
die Leuchtkäfer, 39
die Liane, 21
die Libelle, 5
der Löffelreiher, 21
der Löwe, 12
das Löwenjunge, 12
das Löwenrudel, 37
die Löwin, 12
der Luchs, 19

m

die Mähne, 34
das Mammut, 40
der Marienkäfer, 14
der Maulwurf, 15
der Maulwurfshügel, 15
die Maus, 39
die Mäuse, 30
das Meerschweinchen, 28
die Mehlschwalbe, 31
die Miesmuscheln, 7
die Mistel, 15
der Mondfisch, 10
der Mops, 27
die Mördermuschel, 10
der Moschusochse, 22
die Möwe, 6, 30
der Mungo, 39
das Murmeltier, 9
das Mutterschaf, 32

n

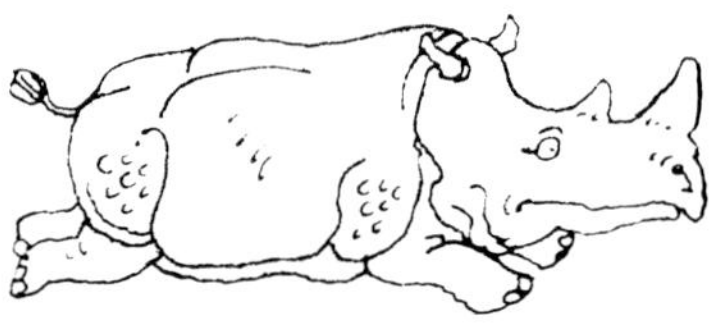

der Nachtfalter, 39
die Napfschnecken, 6
das Nashorn, 13
der Nerz, 8
das Nest des Webervogels, 13
das Netz, 5
das Nilpferd, 12
die Nixe, 38
der Nomade, 19

o

die Oase, 18
das Ohr, 35
das Ohrenmaki, 39
das Okapi, 20
das Opossum, 20
der Orang-Utan, 21
der Otter, 4

p

der Paleoscincus, 41
der Papagei, 21, 28
der Papageifisch, 10
der Papageitaucher, 22
der Paradiesvogel, 21
der Pavian, 13
der Pekinese, 26
der Pelikan, 13
der Pelz, 35
der Pfau, 33
die Pfauenjungen, 33
die Pfote, 35
der Phönix, 38
der Pinguin, 23
das Pinguin-Junge, 23
der Plesiosaurus, 41
der Polarfuchs, 22
der Präriehase, 18
das Preßlufttauchgerät, 11
die Primel, 14
das Pteranodon, 41
der Pudel, 26
der Puma, 9
der Pyrenäenhund, 27
die Pythonschlange, 12

q

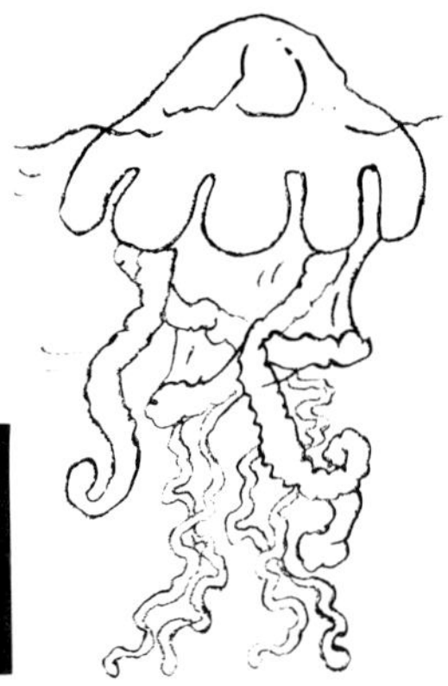

das Quagga, 40
die Qualle, 11

r

der Rammler, 32
die Ratte, 30, 39
die Raupe, 30
der Regenpfeifer, 6
die Rennmaus, 28
das Rentier, 22
der Rieseneisvogel, 25
das Riesenfaultier, 40
der Riesenmanta, 10
der Riesenstrauß, 40
die Robbe, 22
das Robbenbaby, 22
der Rochen, 11
das Rotkehlchen, 15
der Rüde, 33
der Rüssel, 34

s

der Säbelzahntiger, 40
der Sägefisch, 11
der Sandaal, 6
die Sau, 32
das Schaf, 17
der Schafbock, 17, 32
der Schäferhund, 16
das Schaffell, 34
die Schafherde, 37
der Schakal, 13
die Scheidenmuschel, 7
die Schildkröte, 28
das Schilf, 4
der Schimpanse, 20
der Schleimfisch, 6
der Schlitten, 23
der Schlittenhund, 23
der Schnabel, 34
das Schnabeltier, 25
die Schnauze, 35
der Schmetterling, 15, 30
die Schnecke, 4, 30
das Schneckenhaus, 35
die Schnee-Eule, 23
das Schneehuhn, 22
die Schnurrhaare, 35
eine Schule von Walen, 37
die Schuppen, 35
das Schuppentier, 39
die Schwalbe, 4
der Schwamm, 10
der Schwan, 4, 33
der Schwanz, 34
der Schwarm Wildenten, 37
der Schwarzbär, 8
das Schwein, 16
der Schwertfisch, 11
der Schwimmfuß, 34
der Scotchterrier, 26
die Seeanemone, 6
der Seeigel, 6
das Seepferdchen, 10
die Seerose, 4
die Seescheiden, 10
die Seeschwalbe, 6, 23
der Seestern, 6
der Seetang, 6
das Seeungeheuer, 38
der Seidenspinner, 28
die Sepia-Schale, 7
der Setter, 26
die Siamkatze, 29
der Siebenschläfer, 15
der Silberreiher, 20
die Sitzstange, 29
der Skorpion, 18
der Spatz, 31
der Specht, 15
der Speer, 23
der Spießbock, 19
die Spinne, 30
das Spinnennetz, 30
der Spinosaurus, 41
die Stacheln, 34
das Stachelschwein, 8
der Stall, 17
der Star, 31
der Stegosaurus, 41
der Steinfisch, 10
der Stichling, 5
der Stier, 17
das Stinktier, 8
das Storchennest, 36
der Stoßzahn, 34
die Strandschnecken, 6
der Strauß, 19
das Straußenei, 19
das Streifenhörnchen, 8
das Stroh, 29
die Strohballen, 17
die Stute, 32

t

die Tannenzapfen, 9
die Tarantel, 18
der Tasmanische Wolf, 40
die Taube, 31
die Tauben, 29
der Taucher, 11
der Tausendfüßler, 14
der Termitenbau, 12
die Tigerotter, 24
der Tintenfisch, 11
der Traktor, 17
die Trappe, 12
der Triceratops, 41
der Trog, 16
der tropische Fisch, 28
der Truthahn, 9, 17
der Tukan, 21
der Tyrannosaurus Rex, 41

u

der Ureinwohner, 25

v

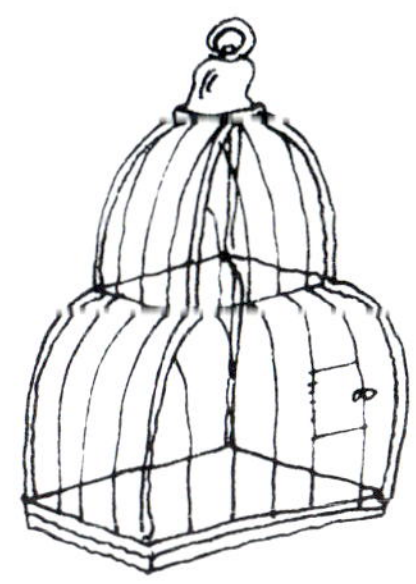

der Vogel Roch, 38
der Vogelkäfig, 29
der Vogelschwarm, 37

W

die Wachtel, 9
der Wal, 22
das Waldmurmeltier, 9
die Waldschnepfe, 15
das Wallaby, 25
das Walroß, 22
das Warzenschwein, 13
der Waschbär, 8
der Wasserbüffel, 12
der Wassermolch, 4
die Wasserpflanzen, 4
die Wasserratte, 4
die Wasserschildkröte, 11
die Wasserspitzmaus, 5
die Webervögel, 13
der Wellensittich, 24, 28
die Wellhornschnecken, 7
der Welpe, 28, 33
der Welsh Corgi, 27
die Wespen, 31
das Wespennest, 31
das Wiesel, 14
der Windhund, 26
das Windspiel, 27
der Wolf, 8
der Wombat, 24
der Wurm, 14
die Würmer, 4, 31
die Wüstenspringmaus, 18

Z

die Zähne, 35
der Zaunkönig, 5
das Zebra, 12
der Zentaur, 38
das Zicklein, 16, 32
die Ziege, 16, 32
der Ziegenbock, 32
das Zugpferd, 17
die Zunge, 34
die Zwergmaus, 5